Pensées du Papillon

FSC
www.fsc.org
MIXTE
Papier issu
de sources
responsables
Paper from
responsible sources
FSC® C105338

Pensées du Papillon

Léa Blancan

Mentions légales

Les mentions légales et le sigle FSC sont généralement indiqués sur cette quatrième page liminaire.

BoD se charge d'insérer le logo FSC à l'impression du livre donc vous devez laisser le haut de cette page vide.

Les mentions légales apparaissent en bas de la page. Le copyright, nom de l'auteur, la date du dépôt légal et l'indication éditeur et imprimeur sont obligatoires. Les autres mentions (mise en page, graphiste, etc…) sont optionnelles.

Supprimez ce texte et son en-tête.

Pense-bêtes

Je ne peux que trop bien adhérer à vos propos Monsieur.

Votre amour m'inonde

Et je succombe.

Je vous aime Monsieur.

Je vous aime comme on aime la vie.

Je vous aime d'un amour qui m'assassine.

Je vous aime d'un amour

Qui tue ma joie

Et fait naître mes pleurs.

Je vous aime d'un amour à faire pleurer les enfants.

Je vous aime d'un amour incomparable.

Je vous aime plus que je n'aime ma mère,

Je vous aime plus que mon père ne m'a jamais aimée.

Je vous aime d'un amour infini.

Je vous aime.

Au revoir Monsieur, je vous aime.

<u>Feu perdu</u>

J'ai peur.

J'ai peur que nous soyons devenus bons.

J'ai peur que nous soyons devenus de belles personnes.

J'ai peur que nous soyons devenus calmes.

J'ai peur que tes mains soient de bonne intention.

J'ai peur des compliments que mes bouches accouchent.

J'ai peur de nos yeux tendres.

J'ai peur que les gens nous apprécient.

J'ai peur de notre monde qui va bien.

J'ai peur des filles qui ne m'attirent plus.

J'ai peur que nous éclairions les rues.

J'ai peur que le jeu soit fini.

J'ai peur que le jeu n'ait plus de but.

J'ai peur des fleurs.

J'ai peur d'aimer le soleil.

J'ai peur que tu m'aimes sans condition.

J'ai peur qu'il n'y ait que de l'amour.

J'ai peur de nos conversations.

J'ai peur de l'heure à laquelle nos yeux s'ouvrent.

J'ai peur d'avoir perdu la période où ils se fermaient à la même heure.

J'ai peur de mes veines ne contenant que des sourires.

J'ai peur du parfum qui emplit la maison.

J'ai peur de la musique qui emplit la maison.

J'ai peur de la maison.

J'ai peur de nous dans la maison.

J'ai peur de ne plus pleurer.

J'ai peur de ne plus pouvoir m'allonger sur le sol avec toi.

J'ai peur de ne plus pouvoir rire avec toi sur le sol.

J'ai peur que cela nous rende heureux,

Où est passé le feu ?

<u>Pluie ensoleillée</u>

J'aime m'allonger sous les arbres verts,
Aujourd'hui, il fait beau,
Le soleil me brûle.
Je veux fermer les yeux,
Je veux sourire.
Je ne veux plus de tout cela,
Je ne veux plus me noyer dans l'océan,
Je veux me rafraîchir dans la rivière.
Je veux porter du blanc,
Je veux une robe blanche.
Je veux un collier fin,
Je ne veux plus de toutes ses chaînes.
Je veux qu'il me voit comme l'être le plus pur.
Je veux qu'en me rejoignant sous l'arbre,
Il ne voit que de la joie.
Je veux que la seule saleté dans ma vie
Soit l'herbe verte qui déteint sur mon pantalon blanc.
Aujourd'hui, il fait beau.
Et cela me donne envie de vérité.
Je ne suis pas.
Je ne suis pas cet orage.
Je ne suis que brise.
Je suis cette petite fille
Dont le vent fait voler la jupe.
Je ne suis pas cette créature
Qui l'enlève volontairement.
Je veux être légère.
Je ne veux plus me cacher.

Merci Soleil,

Merci de m'avoir ouvert les yeux.

Mais qui sait ?

Qui sait s'il faisait beau ou s'il pleuvait aujourd'hui ?

<u>Au revoir ?</u>

Je te demande de me laisser,

Je te demande de m'abandonner,

Tout n'est plus noir.

Tout est gris.

Coincée entre lâcheté

Et respect.

Le ciel sous mes pieds me brûle

Et la rivière au-dessus de ma tête me glace.

Le sang ne coule plus dans mes veines.

C'est toi qui y coule.

Mais je ne veux plus.

Je t'en supplie, ne sois plus.

Pars loin,

Car dans mes bras, rien n'est bien.

Ne m'approche pas.

Je n'y arriverai pas.

Je n'arriverai pas à prendre mon ami dans mes bras,

Quand j'ai voulu le prendre dans mon cœur.

Quand j'ai voulu pour la première fois,

Avoir une main qui tient la mienne,

Avoir une maison,

Avoir de l'ambition.

Avoir des meubles.

Avoir des rires.

Avoir des pardons.

Avoir une vie.

Simplement, mais difficilement,

Avoir un avenir.

Quand j'ai voulu pour la première fois,

Aimer.

T'aimer.

Quand j'ai voulu donner tout de moi

Pour avoir tout de toi.

Le sang coule dans la rivière

Et j'attends l'hiver.

Car l'été et l'automne m'ont fait espérer

Ce que tu n'as pas pu me donner.

Et jusqu'au dernier instant,

Comme un coup du destin,

J'espérais te voir apparaître,

Attendant à ma fenêtre.

Mais ton cœur ne semble pas connaître mon adresse.

Et c'est à une autre maison que tu te confesses.

C'est pour cela que tu dois m'oublier

Car elle aussi doit rêver

De meubles et de maison.

Et je refuse d'être la raison,

De sa dépression,

De sa destruction.

Car elle finira comme cela si tu l'abandonnes,

Alors je te supplie et te pardonne,

Aime-la,

Aime-la jusqu'à ce que tu ne sois plus toi.

<u>Inconscient</u>

Aujourd'hui ne sera pas à propos de toi.

Aujourd'hui ne sera que moi,

Je ne parlerai que de mes progrès,

De la nouvelle vie que j'ai créée.

Je ne mentionnerai pas ta vie,

Seulement mon automne, si grandi.

Mes roses ont été épinées,

Ton souvenir, envolé.

J'exposerai seulement mon corps qui va mieux.

Je guéris de ce désir à deux.

Il ne sera pas question du bas vers lequel tu m'as menée,

Mais du haut auquel je me suis retrouvée.

Qu'importe ton présent brillant,

Face à mon avenir éclatant.

Je ne veux pas parler de ce fantôme,

Sous forme d'homme,

De mes nuits gâchées,

De ces nuits éveillées.

Je veux parler de moi,

De moi sans toi.

Ces mots sont les miens,

Je les écris sans penser aux tiens.

Oui, vois-tu, la page est tournée,

Tu disparais.

Oui, vois-tu, je mens,

Je prétends.

En voulant prouver la résolution,

Je n'ai fait que montrer ta révolution.

Cette révolution que tu as fait naître en moi.

Et la rébellion ne se finit pas.

J'ai dit vouloir te voir parti,

J'ai dit vouloir du répit.

Mais en écrivant,

Je te grave dans le temps.

<u>Naissance d'un feu</u>

Il a fait naître le feu.

J'avais déjà été invitée à danser,

Mais aucune enveloppe ne m'avait faite tourner comme lui.

Aucun bal à cent,

Ne valait ce bal à deux.

Auparavant, j'aimais que ma robe soit parfaite.

Avec cet aventurier,

J'aimais, en m'asseyant dans l'herbe,

Que ma robe froissée remonte trop haut sur mes jambes.

La seule chose qui m'importait,

Était le sourire de ces autres.

Aujourd'hui, j'ai appris à regarder les lèvres les plus imperturbables

Et à embrasser le plus révélateur des regards.

J'ai toujours cherché à plaire.

Mais j'ai découvert les joies de l'impolitesse.

Combien de fois ai-je cherché des bras pour me tenir chaud ?

Avec cet autre corps, peu importe si la mer était gelée,

L'euphorie de s'y jeter nous réchauffait.

J'aimais qu'après m'avoir grondée comme une petite fille,

Il se fasse pardonner en me faisant me sentir femme.

J'aimais arriver en retard pour le provoquer.

J'aimais que face aux plus beaux paysages,

 Ce soit moi qu'il prenne en photo.

Avec lui, j'ai découvert tout ce que "moi" pouvait signifier.

Avec lui, j'ai su que quelque chose de fraîchement brûlant

Venait de naître.

Avant lui, j'avais sacrifié mon corps

Pour me consacrer à mon coeur.

Je ne comprenais pas pourquoi

Seulement ma tête était emplie.

Emplie de questions.

Je ne savais pas que cela était de l'insatisfaction.

Je cherchais à aimer sans penser à être aimée.

Avec lui, peu importe, je désirais.

<u>Fin du voyage</u>

Le papillon veut s'envoler.

Le papillon était prêt à voyager.

Mais le papillon a échoué.

Il sait qu'il n'est pas bien de rester,

D'espérer à nouveau.

Mais son tourment d'autrefois est revenu.

Le retrouver est exquis,

Le retrouver est tranchant.

Rien n'a changé.

Tout est exactement identique

A avant le départ du tourment.

Tout est léger,

Tout est facile.

Cette sensation d'incompréhension,

Si douce au début,

Est revenue.

Cette sensation de flotter,

De voler,

Est revenue.

Mais le papillon sait

Qu'il n'est pas bon que rien n'ait changé.

Le papillon sait

Que lorsque l'on raconte deux fois la même histoire,

La fin change rarement.

Mais il est si dure de ne pas céder

Lorsque l'on croit apercevoir le bonheur.

Alors, le papillon pose ses valises

Et se prépare à avoir les ailes brisées,

Encore une fois.

Elle n'a pas voulu venir.

Elle n'a pas voulu venir,

Alors je l'ai forcée.

Je l'ai forcée à capituler.

Elle savait ce qui était mauvais,

Elle savait ce qui allait me blesser.

Mais j'ai couru dans la rivière,

Et comme elle l'avait prédit,

Le courant nous a emportées.

J'ai fini par saigner.

J'ai cru voir de la lumière,

Là où, tout ce qu'elle voyait était un retour en arrière.

Elle avait raison.

Elle avait si raison,

Que même la case départ était désolée.

Désolée de me retrouver.

Encore.

Avec pour seule possession, un corps mort.

Il était une opportunité,

Cet autre corps qui m'apprivoisait,

Une opportunité d'enfin,

Après tout ce destin,

Lui prouver que je pouvais, pour une fois,

Avoir fait le bon choix.

Elle allait se tromper

Et moi triompher.

J'ai cru à l'exception,

A la solution,

A la fin,

De ce malheureux destin.

Quand, elle, savait

Que je ne serai, une fois encore, pas sauvée.

Et qu'elle et moi allions devoir,

Une fois de plus, supporter notre désespoir.

<u>Où es-tu ?</u>

J'essaie de vivre.

J'essaie d'écrire la fin de l'histoire.

Mais mon corps ne trouve pas

De nouveaux bras dans lesquels se réfugier.

Je n'arrive plus à savoir ce que je désire.

Comment trouver un être

Pour recommencer l'histoire avec moi ?

Ils ne sont que propositions,

Ils ne sont pas solutions.

Je vois toujours ce que je n'aime pas en ces êtres,

Je ne vois pas qualité,

Je vois manque.

Je ne sais plus ce que j'aime.

Je ne sais plus ce qui me plaît.

Et à chaque moment de questionnement,

Je finis déçue.

A chaque question,

La même réponse.

A chaque tentative d'interpréter cette insatisfaction,

Il semble que tout ce que j'aime c'est toi.

A chaque potentiels nouveaux bras,

Je vois tout ce que tu étais,

Et qu'ils ne sont pas.

Je me surprends à regretter

Ce que je détestais chez toi.

Je me surprends à réaliser

Que j'aimais ces défauts malgré moi.

Ce qu'ils ont de mieux que toi

Est aujourd'hui un défaut,

Car ce n'est pas toi.

Cette confiance en toi,

Qui m'irritait

Est en réalité ce qui m'a fait tomber.

Je le réalise seulement en cet instant,

Maintenant que je sais que tout cela ne sera jamais mien.

Maintenant que je me retrouve

Avec des êtres incertains et humbles.

Je me trouve dans un état,

Où je ne veux pas aimer,

Je veux seulement ne pas être seule.

Mon esprit a l'impression de ne pas être capable

D'aimer un corps n'étant pas comme toi.

Il ne voit pas le bon,

Il est prêt à se contenter, à s'habituer.

Pas à une vie sans sentiment,

A une vie sans passion extrême.

Cela n'est pas mauvais,

Il s'agit seulement d'une nostalgie,

De comment je brûlais

En t'aimant.

<u>Changement ?</u>

Tout a changé.

J'ai baissé la température dans la chambre.

Tu te rappelles de la chambre ?

Je mets des robes maintenant, tu sais ?

Je me maquille tous les jours désormais.

J'écoute toutes sortes de musiques.

J'aime aller dormir.

J'avoue, même à moi-même,

Qu'en vérité, j'aime quand le vent décoiffe mes cheveux.

Parfois, je pense à nous,

Ou plutôt, je pense au mot qui caractériserait

Un "nous" passé.

Il faudrait inviter ce mot.

Ces parfois-ci,

Je souris.

Souvent je porte des vêtements,

Ne me rappelant pas que c'est toi qui me les avais offerts.

Je ne me force plus à rire,

Je n'en ai plus besoin,

Maintenant, je ris.

Je n'ai plus peur du risque,

Je fonce.

Tu te rappelles de cette pudeur que j'avais envers moi-même ?

Aujourd'hui, je ne me dérange plus.

Tu dois te souvenir de cette facilité

Que j'avais à me livrer rapidement et sans censure.

Cette facilité naïve qui m'a souvent causée tort.

Laisse-moi t'apprendre

Que j'aime garder certaines choses pour moi.

Mes premiers écrits que je chérissais,

Me semblent aujourd'hui ridicules.

Bien de choses que j'aimais auparavant,

Mes amours d'un autre temps,

Me semblent ridicules.

Mais parfois, le dimanche,

Je remonte la température dans la chambre,

J'enfile un pantalon,

J'enlève le maquillage à mes yeux,

Et je comprends que

Rien n'a changé.

<u>Les mots des bâteaux</u>

Tout ira bien.

Nous achèterons une maison,

Il y aura une table,

Tu trouveras six parfaites chaises

Pour l'entourer.

Nous irons nous coucher,

Dans un lit fait.

Tu me trouveras belle

Étendue sur le sofa.

La maison sera au centre d'un magnifique jardin,

Qui mènera à une rivière.

Je m'amuserai à faire des petits bâteaux,

Que j'observerai s'éloigner sur l'eau.

Nous ferons la cuisine en chantant,

Essayant d'atteindre les notes les plus fausses.

Mais un jour,

Je reviendrai de la rivière.

Je trouverai ridicule d'avoir une aussi grande table

Pour deux personnes.

Et je trouverai le marron des chaises ridicule,

Lui-aussi,

J'aurai envie d'une chaise bleue

Et d'une chaise rouge.

Je ne ferai pas le lit.

Tes compliments me feront

Me sentir laide.

Je continuerai d'aller à la rivière,

Avec mes petits bâteaux.

J'espérerai que tu ne me suives pas,

Pour que tu ne voies pas

Les mots tâchant le blanc des bâteaux.

Car j'écrirai sur mes bâteaux,

Espérant qu'un être victime de mon destin,

Trouve mes mots,

Et vienne

Eteindre la radio dans la cuisine

Et repeindre les chaises.

Oui, tout ira bien,

Jusqu'à mon retour de la rivière.

Révélation

Je l'aime.

Je l'aime de la plus horrible des façons.

Je l'aime d'un amour véritable

Que l'on pardonne mes mots.

Que l'on pardonne mon manque de détour.

Mais il m'est arrivée une expérience effroyable.

Un malheur m'a troublée

Et ma première pensée

A été de l'en informer.

Je ne voulais pas juste partager cela,

J'avais besoin.

J'avais ce besoin de tout lui dire,

D'entendre sa voix essayant de m'apaiser.

Mais un éclair m'est apparue,

La foudre m'a heurtée.

Je n'avais pas le droit de penser à lui à la première seconde,

A la première larme.

Rien ne m'autorisait à l'appeler.

Rien ne m'autorisait à lui écrire.

Rien ne m'autorisait à courir dans ses bras.

Il n'était pas mien,

Et je m'étais faite sienne

Sans lui laisser le pouvoir d'en décider.

Je n'avais personne,

Quiconque n'étant pas lui,

N'était personne,

J'étais seule.

Mon malheur est donc passé.

J'en avais un bien plus grand, désormais.

<u>Envolons-nous</u>

Tous ces moments que tu me voles,

Tous ces moments que je partage avec ton être,

Tous ces moments que je découvre,

Ils ne semblent pas corrects.

Ils ont un goût d'invalidité.

Comme si, je n'étais pas supposée les vivre comme cela.

Comme si, je n'étais pas supposée les vivre avec toi.

Mais je ne peux m'interposer.

Peu importe s'il existe une manière de vivre ces moments.

Avec toi, je les vis pleinement.

Cela entraîne des chutes,

Je le sais,

Mon corps le sait.

Lorsque que ces moments ne sont pas partagés avec toi,

Lorsque que ta présence n'est pas,

Nous souffrons d'une douleur muette.

Nous souffrons pleinement.

Mais nous nous sommes lancés dans cette aventure

Et nous savons que,

Là où quiconque pourrait croire que tu m'as poussée,

J'ai sauté.

J'ai sauté pleinement.

Si j'écris ces mots,

C'est que tu n'es pas ici pour m'illuminer,

De ta mauvaise façon de m'aimer.

Me sentant déchirée,

J'avoue, cependant,

Qu'il est bon de souffrir d'une douleur heureuse

Lorsque l'on a un bourreau.

Ces moments ne semblent pas corrects,

Et je me fiche de notre invalidité,

Envolons-nous.

<u>Soleil</u>

Tu es comme le bas soleil à son coucher,

Une lumière lointaine.

Il n'existe aucune façon de s'assurer qu'il réapparaîtra demain.

Ce frisson subtil que l'on ressent aux soirées de printemps,

Me rappelle ce frisson qui me parcourt

Lorsque tes yeux se posent sur moi,

Même pour quelques secondes.

Les précédents, ces amours d'un autre temps,

Étaient peut-être seulement un soleil à son lever,

Agaçant, dont on se lasse

Car il devient de plus en plus lumineux au fil de la journée,

Mais reste le même.

Ce sont des fleurs qui n'auront fleuries qu'une saison.

Et je ne pourrai jamais me lasser de la beauté d'un coucher de

soleil.

Même si parfois,

Je passe devant sans y prêter grande attention.

Même si certains jours,

J'oublie de le contempler,

Me disant qu'il sera là de nouveau demain.

Et j'espère en être excusée.

Car peu importe le nombre de fois où j'oublie

De poser mes yeux sur le ciel,

Je n'oublierai pas la chance incommensurable qui m'accompagne.

Tout ceci n'est pas un simple coucher de soleil.

Tu es ma Lune dans la nuit la plus noire.

Tu es mon Soleil à son zénith.

Tu es mon frisson de minuit.

Tu es, tout simplement.

Mais surtout je suis, pour toi.

<u>Home</u>

Ramène moi à la maison.

Je n'ai plus besoin de te partager avec les autres.

Eteins la lumière,

Et viens te coucher.

Arrêtons de sortir tous les soirs.

Mets seulement tes bras autour de moi.

Ferme les yeux

Et profite

De cette personne qui t'appartient.

Continue de me faire rire,

Je sais que tu es drôle,

Ne me demande pas de te garder une place,

Ma veste est déjà posée sur ta chaise.

Ramène moi à la maison.

Car il ne s'agit pas d'un poème sur un amour nouveau.

Il s'agit d'un poème sur un amour qui dure.

<u>Lumière</u>

Je m'approche de lui,

Il sourit.

Je l'ai déjà vu sourire,

Pourtant, quelque chose n'est pas habituel.

Je me suis déjà approchée de lui,

Pourtant, quelque chose est différent.

Alors, je m'approche de plus près.

Et je contemple ce qui a changé.

Il y a de l'or dans ses yeux.

Je découvre qu'en réalité, son sourire n'est plus le même.

Ce n'est pas un simple sourire,

C'est le reflet de ses yeux.

L'or en est la cause,

L'or brille dans ses yeux.

Il a l'air si heureux.

On pourrait facilement dire

Que mourir à cet instant

Ne le dérangerait pas.

Il partirait en observant sa seule source de bonheur.

Il a l'air si nouveau.

Je connais bien cet or,

C'est avec cette même lumière dans l'oeil

Que je l'observe.

Je m'approche encore.

Mais en étant plus proche,

Je m'aperçois que ses yeux ne sont pas posés sur moi.

Je me retourne

Et je la vois, là.

Je me retourne vers lui

Et c'est, à cet instant, que je comprends,

A cet instant, où il me fait face,

Qu'il lui donne tous ses yeux,

Quand moi, il me donne un regard.

Illusion

Une acceptation.
Tout a commencé par une acceptation.
De longs mois,
A chasser un amour,
A l'admettre,
Puis à vouloir le vivre,
Pour finir par se retrouver
Face à un refus du destin.
J'ai donc reconnu ma défaite dans cette bataille,
J'ai accepté de poursuivre ma vie
Avec cette part de moi qui l'aimait.
J'étais prête à aimer à nouveau
Tout en le laissant continuer à vivre en moi.
Cela ne me semblait pas problématique,
Car pour moi, c'était inévitable.
Je ne voyais pas un ciel sans lui,
Je le voyais comme une lune en plein jour.
Je serai capable de briller pour un tout nouveau soleil,
De chérir sa présence,
Mais parfois, même dans le jour le plus ensoleillé,
Apparaît la lune si claire,
Presque transparente.
Puis un jour, on croise ce que l'on pense être un nuage,
Ce que l'on souhaite être un nuage,
Mais il se révèle être le plus éblouissant des soleils.
Nous frappant par sa lumière, sans prévenir.
Je croyais que je devais
T'aimer pour réaliser

A quel point je l'aimais.

Je croyais que tu serais un allié,

Une arme,

Pour me prouver que tout ce plan

Était rationnel,

Mais en oubliant d'enfiler mon armure,

Je me suis retrouvée à devoir te combattre,

Toi, un ennemi inespéré.

Je me suis retrouvée à devoir me combattre,

Moi, un vétéran se relevant à peine.

Debout sur mes jambes,

Désespérément, j'ai dû faire face à la réalité.

C'était un lundi.

C'était un lundi et j'ai réalisé

Que mon coeur jouait un double jeu.

<u>Bon vivre</u>

Mon tombeau est sa mort.
Son rire, celui qu'il tient de son père,
Est ma vie.
Ainsi va mon existence,
N'existant que par la sienne.
Peu importe qu'il fasse beau
Ou qu'il pleuve.
C'est le temps qu'il fait à l'intérieur de lui
Qui me détermine.
Son vent fait naître ma tempête,
Son éclaircie, mon soleil aveuglant.
Son amour me pousse à vivre.
Il est la redéfinition de la vie,
Celle qui donne un sens à chaque mot.
Mes fiertés sont, aujourd'hui, nos fiertés
Car il en est l'origine, la motivation.
Mon amour pour lui,
Me fait penser, qu'avant lui,
Je n'avais sûrement pas saisi la vie.
Sinon, je l'aurais aimée plus tôt.

<u>Album photo</u>

Nous prenions des photos de vacances pour se faire des souvenirs
qui ne serviraient bientôt plus à rien,
L'album fait pour montrer aux enfants,
Au retour, ne sera jamais fait.
Le dernier baiser fait à ma mère
N'a pas été fait avec assez d'intensité,
Il n'a pas été fait avec une intensité suffisante pour être le dernier
baiser,
Parce qu'à cet instant il n'était pas encore le dernier baiser.
Aurais-je contemplé les étoiles plus profondément si j'avais su qu'il
s'agissait de la dernière fois qu'elles brillaient pour nous ?
Saurai-je quand le monde s'éteindra ?
Aurai-je eu le temps de tout vivre une dernière fois ?
Ou seront-elles à jamais remises à plus tard ?
C'est ainsi que je ne sais si je dois vivre cet instant comme le
dernier ou continuer à espérer qu'il ne soit inscrit dans aucune
temporalité, aucune limite.
C'est de cette manière que je sais que si le ciel venait à ne plus
briller demain,
Je trouverais un moyen de nous éclairer pour pouvoir te voir une
dernière fois.
Je sais et tu sais que je ne laisserai jamais une dernière fois
m'échapper,
Même s'il faut défier la nature.
Tu sais et je sais que je ne laisserai jamais une dernière fois arriver
Car je n'ai jamais aimé qu'un livre se finisse.
Je préfère ne jamais tourner la dernière page,
Ainsi, l'espoir vit,
Ainsi, il reste quelque chose à vivre.

<u>Brûler</u>

La planète tourne,
La planète de tout le monde tourne,
Mais la mienne brûle.
Je n'ai pas craqué l'allumette,
Seule, je ne fais que la faire tomber dans la rivière,
Mais lui, il est non seulement parvenu à la sécher,
Mais il est aussi parvenu à la faire brûler.
Il a changé l'eau en flamme.
Opportunité tout à fait impossible,
Mais pourtant opportunité tout à fait saisie.
Mon monde brûle,
Parce que c'est dans les flammes que la vie existe,
C'est dans la peur de se brûler que subsiste le sens de la vie.
C'est à cet instant précis avant de rentrer dans le feu,
Assez proche pour sentir la chaleur insoutenable,
Assez loin pour ne pas être blessé,
C'est à cet instant qu'on sent la vie se mettre à vivre.
Et puis si l'on fait un pas de trop, si l'on trébuche et que dans le feu
on se retrouve,
Il est toujours possible de faire un saut en arrière et de retrouver
cette frontière exquise,
Toutefois, si un bond ne peut nous ramener,
Autant allumer un feu de joie dans ces flammes et brûler en
mélodie.
Mélodie mêlée de feu, de sang, de chaleur,
Mélodie mêlée de coeur, de sentiments, de yeux brûlants,
Mélodie de passion.
Alors brûlons.

Le Devoir

La lumière est éteinte

Mais il fait toujours jour.

Les nuages gris menacent de faire tomber la pluie

Mais je sens les rayons du soleil sur ma peau,

Personne ne naîtra,

Personne ne mourra.

J'ai cette sensation d'être là

Où j'ai toujours voulu être.

J'ai cette sensation

Qu'être ici,

A cet instant même,

Est ce qui motivait mes nuits à se succéder,

Comme si,

Le cauchemar devait précéder au rêve.

Comme si,

Pour que le rêve soit rêve,

Que le bonheur soit bonheur,

Un hiver devait d'abord régner sur l'âme.

Pour que le soleil d'été est quelque chose

A réchauffer.

On se lasserait du soleil,

On ne le regarderait plus,

Si nous n'avions pas connu le noir et le froid.

C'est ainsi qu'il m'est permis d'espérer

Que ceci soit un rêve,

Que ceci soit le bonheur personnifié.

C'est ainsi qu'il m'est permis de le savoir.

J'ai cette sensation

Que la femme que je suis

Est là où elle doit être.

Sans aucun devoir étranger,

Sans aucune soumission à une force étrangère,

Suivant seulement le devoir intérieur,

Suivant seulement son propre devoir

D'être épanouie.

C'est ainsi, que je sais,

De la plus indépendante des manières,

Que je remplis mon devoir

En m'endormant ce soir dans tes bras.

Car personne ne naîtra,

Personne ne mourra.

Non, personne ne naîtra

En pouvant espérer vivre ce rêve.

Personne ne mourra

En ayant la chance de pouvoir

Regarder dans son passé

Et voir un amour comme le nôtre.

Maison pour coeur

La musique dans la cuisine,
Le parfum des fleurs passant par la fenêtre,
Les bougies dans le salon,
La lumière du soleil chaud dans la chambre,
Tu rentres.
Tu t'asseois,
Je sers le plat encore fumant, aux odeurs d'amour et de cumin,
Tu manges.
Je compte ma journée, j'évoque les fleurs qui ont enfin fleuries,
après un long hiver,
Tu acquiesces.
Je chantonne en rangeant la vaisselle,
Tu te lèves, prêt à changer de pièce.
Je te regarde,
Tu me regardes,
Je sais,
Tu ne sais rien.
Je prends mon manteau,
Sors par la porte,
La musique ne chante plus.
L'hiver revient, les fleurs fanent,
Le vent éteint les bougies,
Il fait nuit dans la chambre,
Je sors.
Et tout l'amour du monde aussi.
Seule la tolérance de ce dernier reste.

Dans l'odeur des mimosas en fleur,

Dans le chant des grenouilles une nuit d'été,

Dans le vent qui fait danser les feuilles,

Je te sens, je t'entends, je te vois.

Cette mélodie qui me poursuit

Et me ramène aux tout premiers jours.

Cette mélodie qui chante la vie,

Qui me fait sentir la vie.

Tu es ce soleil qui vient éclairer

Une journée pluvieuse,

Cette pluie qui donne du sens au soleil.

Cette chanson que j'entends chaque jour,

Je la chéris,

Je l'écoute,

Je la vis.

Bien souvent, elle me coupe du monde,

Mais ce n'est que pour mieux la saisir.

Saisir le son du mimosa en fleurs

Qu'on avait oublié,

Qu'on n'avait, à vrai dire, jamais remarqué,

Car jamais perdu.

Mais c'est en retrouvant les bonnes notes,

Les bons accords,

Que l'on s'aperçoit qu'il n'y avait plus de musique.

Alors c'est lorsque l'on retrouve l'odeur du mimosa,

Que l'on ne savait perdu,

Que l'on reste sans voix,

Et que l'on se rappelle de cette musique incessante,

Que l'on a arrêté d'écouter.

Alors, on s'assied,

On se remémore deux ou trois notes,

On redécouvre les vraies couleurs de la vie,

On laisse l'orchestre chanter, comme il l'a toujours fait,

On contemple la grandeur et le sublime du monde.

Et on se promet,

De ne plus jamais passer un instant de sa vie,

Sans poésie.

Avoir 20 ans

Avoir 20 ans,
C'est vivre avec 2 personnes constamment.
Être coincé entre la personne que l'on était et celle que l'on devient.
La vie est toujours à double vision, à 20 ans.
Double point de vue,
Double avis,
Double perception.
Avoir 20 ans,
C'est être perdu.
C'est ne plus savoir si on aimait quelque chose, ou si on l'aime.
C'est toujours remettre en question chaque décision, chaque opinion,
C'est l'analyser pour déterminer quelle version de nous prend le dessus.
Avoir 20 ans,
C'est ne plus être,
Tout en ayant jamais autant été.
C'est se perdre et se retrouver chaque jour.
Avoir 20 ans,
C'est pouvoir enfin dire « quand j'étais petit » mais ne plus pouvoir dire « quand je serai grand ».
Avoir 20 ans,
C'est déroutant,
Avoir 20 ans,
C'est exquis,
Les rêves peuvent s'exaucer.
La désillusion frappe,
Mais la jeunesse demeure.
Avoir 20 ans,
C'est être tout le monde et personne à la fois,
Mais ne vouloir l'échanger contre rien au monde.

Qui es-tu ?

La lumière s'est éteinte,

Mais j'aperçois une lueur au loin.

Elle brille si fort,

Qu'il est dur de croire qu'elle soit si éloignée.

La lumière s'est éteinte,

Mais je peux sentir mon coeur qui bat,

Moi qui le croyais éteint comme la lumière,

Je le surprends à vouloir m'arracher la poitrine.

Malgré l'obscurité,

Je peux sentir l'odeur des lilas en fleurs,

Mais comment peuvent-ils fleurir en automne ?

Serait-ce autre chose qui bourgeonne ?

Serait-ce moi ?

Serait-ce la possibilité d'une vie voulant être vécue ?

Suis-je en fleurs ?

Avais-je besoin de perdre quelques pétales,

Pour m'apercevoir

Que vivre se décide,

Que vivre est exquis,

Qu'exister ne suffit pas ?

Autrement, on ne saura jamais,

Qu'en réalité,

Il est possible de fleurir en automne.

C'est en approchant le feu,

Qu'on réalise qu'il ne brûle pas toujours,

Mais qu'il nous réchauffe, juste ce qu'il faut.

C'est en voyant une lueur au loin,

Qu'on s'aperçoit qu'elle est déjà tout près,

Et que l'existence n'a plus aucun sens,
Si l'on ne vit pas avec cette lueur.

Mascarade

Tout est facile.

Tout est facile,

Lorsque l'on s'imagine des mains rugueuses,

Un esprit vil,

Une ambition morte,

Et un discours peu intéressant.

Il est facile de vivre avec ce poids sur la poitrine,

Lorsque l'on pense qu'il peut être apaisé,

De vivre avec celui-ci,

Lorsque l'on pense offrir un nouveau souffle,

Et non en voler un.

Il est facile de vivre avec ce poids sur l'âme,

Lorsque l'on pense être la seule à le chérir,

A le célébrer.

Mais qu'en est-il,

Lorsque ce poids fait la joie d'une autre,

Lorsqu'il est attendu à la maison,

Mais que ce n'est pas à notre porte qu'il se présente ?

Qu'en est-il,

Lorsque les mains qu'on imaginait vicieuses,

Fades, blanchâtres,

Dénuées d'émotions, endormies,

Jalouses, éteintes,

Sont, en réalité, des mains chaudes,

Solaires,

Qui n'ont pas encore vécues le dégoût du monde,

Pleines de vie,

Généreuses,

Mais surtout amoureuses comme au premier jour ?

A cet instant,

Le poids devient fardeau,

Et le miroir devient plus dur à croiser.

A cet instant,

Le monde se remet à tourner.

Et notre passion n'est plus nôtre,

Mais la passion d'une autre que l'on tente de dérober.

Nos mains, l'une dans l'autre,

Se perdent,

Pour en retrouver d'autres,

Laissant mes mains vides et sales,

Et mon cœur insensé et muet.

Tout est facile,

Quand on ne sait pas qui est l'autre fille.

<u>Tes Mains</u>

Des mains tachées,

Des mains tachées ne peuvent échapper

Au vice de tacher tout ce qu'elle touche.

Une robe,

Une chair,

Une âme.

Des mains tachées tachent,

Mais surtout elles salissent,

Font naître de la moisissure.

Un corps taché ne se nettoie pas,

Il est inutile de frotter,

La tache reste profonde

Comme une blessure à l'âme.

Mon corps était propre,

Mes mains aussi,

Et elles demeureront propres

Car des mains salies de peste,

Leur ont appris la blessure immense

De celui qui devient taché.

Mon corps n'est pas sale,

Il est juste gravé en lui la saleté de l'autre.

Mon corps n'est pas sale

Car il touche et est touché

Par des mains propres, désormais.

Jamais des mains sales ne devraient toucher,

Jamais elles ne devraient s'approcher,

Même avec des gants,

Elles ternissent le plus innocent des enfants.

Mon innocence n'est plus,

Mais la crainte persiste,

La crainte de voir ses mains noires

Apparaître dans la nuit.

Mais je ne suis pas faible,

Mon corps est robuste

Car j'ai le pouvoir, aujourd'hui,

De te graver,

De graver tes vices à l'encre

Aussi noire que tes mains.

<u>Nuage</u>

Un arrondi parfait,

Une main douce,

Reconnaissante de te connaître,

Une image de synthèse,

Presque claire,

Si parfaite,

Si réelle.

La Terre s'est arrêtée de tourner,

Ou elle n'a jamais autant tourné,

Je ne sais plus.

Je t'attends,

Mais tu ne viens pas.

Je souris,

Dans chaque souvenir,

Je souris.

Ma main chaude cherche ton contact.

Mais tu ne viens pas.

Parfois, je saigne,

Parfois, tu ne grandis pas,

Parfois, tu ne grandis plus.

Parfois, tu es sur le point d'arriver,

Parfois, je n'ai pas le temps de te voir.

Souvent, tu me manques.

Parfois, j'ai une main pour tenir la mienne,

Parfois, j'essaie de tenir la tienne.

Souvent, tu es une exquise surprise.

Souvent, tu es une petite fille.

Souvent, tu es une petite fille que je ne rencontre pas.

Toujours, je me réveille.

Toujours, tu disparais avec mon sommeil.

Toujours, je me retrouve à faire le deuil

De quelqu'un que je n'ai pas connu,

De quelqu'un que je n'ai pas perdu.

Je veux

Je veux brûler,

Je veux crier,

Je veux hurler,

Je veux m'en arracher les cordes vocales,

Je veux sauter sans regarder en bas,

Je veux rire à m'en faire mal au ventre,

Je veux dévoiler au monde

A quel point mes jours

Ne sont que peine sans toi,

Et à quel point mes minutes

Sont exquises,

Lorsque tu es celui qui rythme mon temps.

Tout le monde doit savoir.

Tout le monde.

Tout le monde doit m'envier,

Tout le monde doit savoir,

Ce que c'est de t'avoir,

Afin de comprendre

Le supplice qu'est de ne pas t'avoir.

Tout le monde doit savoir

Que passer du temps avec toi

Est la chose la plus facile pour moi.

Mais que passer du temps avec toi en souvenirs,

Est la chose la plus difficile,

Le défi le plus dur qu'on m'ait donné.

J'aime toujours sans mesure,

Je ne sais que me donner entière

Ou pas du tout.

Je n'avance pas, pas à pas,

Je saute,

Ou je demeure immobile.

Mais avec toi,

Mon monde entier saute,

Mon corps entier s'embrase,

Mon cœur entier est tien.

Tant pis,

S'il te glisse entre les mains,

Je le soignerai.

Et tu reviendras.

Tu reviendras,

Autrement,

Pourquoi m'avoir mis sur cette terre ?

Pourquoi m'avoir donné des falaises à sauter,

Des feux à allumer,

De l'air à respirer ?

Si ce n'est pour qu'on ne les saute,

Qu'on ne les allume,

Qu'on ne le respire

Ensemble ?

Oui, te connaître est affreux,

Douloureux, dangereux,

Mais te connaître,

C'est vivre,

C'est exister,

C'est échanger l'éternité

Contre un seul de tes baisers.

Itinéraires croisés

Je n'ai pas su tout de suite.

Mais j'ai fini par savoir.

Aucun choc électrique,

Aucune foudre,

Juste un sourire.

Juste une curiosité.

Il faisait chaud quand je t'ai rencontré,

Et si froid quand j'ai su.

Paradoxe éternel de notre lien.

Le mot choisi

Est "lien".

Car c'est ce que nous sommes : liés.

Liés par l'intrigue,

Liés par l'envie,

Liés par un destin qui ne nous attendait pas.

Nous avons frappé trop tôt à sa porte.

Alors qu'il était encore en train de nous établir,

De faire de notre néant un potentiel,

Nous avons frappé.

Et nous avons frappé si fort,

Qu'il n'a pas su quoi faire,

Il n'a pas su quoi dire.

Pourtant c'est à cet instant,

Alors qu'il nous demandait d'attendre le prochain train,

De rester un peu plus longtemps sur le quai,

C'est, à cet instant,

Que j'ai su.

J'ai su que nous nous étions trompés de correspondance,

De direction,

Que le voyage était trop précoce,

Mais que ce voyage allait être vécu.

J'ai su que le voyage allait être long,

Assassin,

Désespéré,

Désespérant,

Mais qu'il allait être le plus fabuleux des voyages.

Je ne suis peut-être pas née pour toi,

Tu n'es sûrement pas né pour moi,

Mais quelque part, à mi-chemin,

Tu es devenu

Et je suis devenue.

Nous sommes devenus

Deux êtres faisant mentir leur naissance,

Et devant conjuguer leur existence.

C'est comme si nous nous étions présentés

A la même gare,

Sans personne à attendre,

Avec, pourtant, une pancarte portant le nom de l'autre.

Et c'est en se retrouvant dans la même voiture de retour,

Que tout a pris sens,

Que rien n'a pris sens,

Car rien ne devait exister pour l'instant,

Mais tout existait déjà.

J'ai donc fini par savoir, j'ai su,

Que nous étions deux victimes

D'une faille dans la temporalité du destin.

C'est ainsi, que j'ai sauté en octobre,

Dans un train qui ne devait partir qu'en janvier.

<u>Ainsi soyons</u>

Laissons les lampadaires nous éclairer.

Laissons nos mains s'enlacer.

Laissons le monde savoir.

Laissons-nous y croire.

Laisse-moi te montrer le monde,

Laisse-toi me montrer ce qui t'inonde.

Faisons exploser les ampoules des lampadaires,

Faisons souffrir nos mains de leur étreinte.

Vivons nous.

Pouvoir

Tu demandes "puis-je ?",
Et cela me rend heureuse,
Cela me plait.
Mais cela me rappelle,
Que je ne me rappelle plus,
S'il a demandé, lui aussi,
"Puis-je ?",
Si je n'ai simplement pas répondu,
Si je me suis tue,
Ou s'il n'a jamais demandé,
S'il a estimé qu'il pouvait,
Puisqu'il avait le pouvoir.
Pour beaucoup,
Le pouvoir et pouvoir
Sont synonymes.
Le pouvoir écrase tout vouloir.
Alors, je ne sais plus,
S'il a demandé "puis-je",
Mais je sais qu'il a pu,
Car il a fait.
Il a gravé mon esprit,
Il a gelé mon corps,
Assez fort pour que j'oublie.
Mais assez fort pour que,
Quand je me suis rappelée,
La colère me hante.
Alors, merci à toi de demander,
Mais j'espère que, lui, comprendra,

Que je ne demande pas "puis-je ?",
Lorsque je le grave à l'encre de mes mots.

“A” comme Amour

Aimer.

J'aime.

J'aime,

Pourtant, il n'y a rien que j'ai,

Dans ce “j'aime”.

On pourrait penser qu'affirmer “j'aime”

Signifie que “moi j'ai”.

Mais je n'ai rien.

Tout ce que je possède,

C'est ce sentiment,

Ce feu dans la poitrine,

Cette lueur que même la plus noire des nuits

N'arrive à absorber.

Toi, pourtant, tu ne possèdes rien de tout cela,

Toi, pourtant, tu me possèdes.

On parle souvent du coeur,

Quand on parle d'amour.

Pourtant, c'est dans tout mon corps que je te sens,

Même quand tu n'y es pas réellement.

Je te sens dans mon coeur qui se serre,

Dans mon souffle qui se coupe,

Dans la pluie de mes yeux,

Dans mes cuisses qui frissonnent,

Dans mes doigts veufs des tiens,

Dans ma bouche suppliante,

Dans ce sentiment qui fait danser mon ventre.

Tous les soirs, je me couche avec ce même sentiment,

Tous les matins, à l'instant où je me lève,

Je vérifie, je fais toujours le même constat,

Ce sentiment est toujours là :

J'aime,

Je t'aime.